Marlies Blauth
Dornröschenhaus

edition exemplum

Marlies Blauth

Dornröschenhaus

Gedichte

ATHENA

Bibliografische Information der Deutschen Nationalbibliothek

Die Deutsche Nationalbibliothek verzeichnet diese Publikation in der Deutschen Nationalbibliografie; detaillierte bibliografische Daten sind im Internet über <http://dnb.d-nb.de> abrufbar.

1. Auflage 2017

Copyright © 2017 by ATHENA-Verlag,
Mellinghofer Straße 126, 46047 Oberhausen
www.athena-verlag.de

Copyright © für alle Bilder MARLIES BLAUTH, Meerbusch
Alle Rechte vorbehalten

Druck und Bindung: Difo-Druck, Bamberg

Gedruckt auf alterungsbeständigem Papier (säurefrei)

Printed in Germany

ISBN 978-3-89896-691-7

dornröschenhaus

im stachelkleid
ruht die seele
keine frage
kommt durch die tür

die zeit spleißt das holz
und bittertropfen regnen
in diese unwirtliche wohnung

was für ein wort
löst die zunge das ohr
aus der gefangenschaft

komm nimm deinen staubmantel
reiß an den ranken des efeus
nur wo freiheit ist
schmeckt das brot süß

zugfahrt

innen und außen
stimmen
die sich nie treffen

landschaften gaukeln
vorbei
als könne man sie berühren
ihr werdendes grün
unter wechselndem himmel
die menschen

manchmal tragen sie streifenshirts
oder falsches kaninchen
mit rotem hut

für ein lächeln fahren wir
viel zu schnell

freundschaft I

der vierte winter:
eisblau für dich
und still

alles hast du
damals blau angemalt
dunkelblau violett
im gegenwind
leuchteten deine locken

lächelnd ließest du
mich im rot
mit pochenden adern
und augengroß
(du spieltest
mit zahlen geraden
und kurzen wörtern)

wir warfen uns sätze zu
nahrhaft sollten sie werden
für uns

wir lasen darin über zeiten
der freundschaft des kriegs
blau hast du
deinen frieden gemalt
in stein geätzt
deinen namen
und ich bin noch immer
blutrot

in einer fremden Straße

fährt der Lärm an mir vorbei
und schweigt so laut
ich habe kein Gesicht
die Menschen sind Maschinen
greifen in den Tag
die Stunde
fährt an mir vorbei

unter der grauen stadt
liegen schichten
abgeblühter erinnerung.

manchmal steige ich
in ihre zisternen
ordne die sedimente neu.

heimlich

zum teich
unten am spring
sähe man keine ufer
heißt es
und plötzlich zögen
die geister das fleisch
hinab
niemand siehts
deine schuhe hängen
am felsenrand
zwischen leben und tod
und sie fragen dich
ob sie tanzen
dürfen
und du musst
neinsagen
neinsagen
hörst du?

I

die graue stadt
im rot des abends.
talmi
sage ich
und fahre fort.

II

die graue stadt
hat ihr nebelkleid übergeworfen

das bunte darunter
blitzt mir ins auge.

ich bin gar nicht so –
sagt sie

und zeigt mir ihre
graffitihaut

diese stadt
ist eine stalkerin:
jeden tag schickt sie
mir ein paket
mit den dingen
die ich vergessen habe.
unschlüssig lasse ich
mir von lächelnden leuten
suppe servieren.
die stadt hält
ihre hand über mich.
ich berühre
ihre grauen adern.

herbstlich

verbrannte Luft
– was fressen die Feuer
nicht alles –
im Nebelkleid
die schwer gewordenen Schuhe
der Schal
der die Farben verlor
die Mütze
aus kräuselnder Wolle –

raunacht

winde wirre mein haar
netze mir meine augen
pfeif in mein ohr
stürme die dächer
die gauben den first
jage wild aus dem wald
durch die straßen
zum tor
rolle reiße die leinen
tücher entzwei
für die toten
häng dein fell
vor den mond

schlaflos

die Nachttiere zucken
und zerren an mir
tot oder lebendig?
nach innen-außen-innen-außen
haspelt sich mein Gesicht –
welches ewige Wach
quält mich mehr?
am Vorhängeschloss
meiner Augen vorbei
ins Nachtgrau zu blicken
oder in meine taghell
gezündete Seele?
die Nachttiere zucken
und zerren an mir

in der Bahn

als ich aufsah –
wortelte er ein bisschen
und zupfte
an seiner Augenhaut

dann rückte er
seine Schuhe zurecht
fing nach mir
und zupfte wieder:

Abendsonnen –
vom Geäst aufgespießt –
kennst du das?

familienbild

ich räume
mein schränkchen auf
das von früher
mit dem kratzer
im starken holz

lass es | ruhen
sagt einer von euch
man sollte
die alten dinge und bilder
nicht mehr berühren
sonst muss man husten
vom giftigen staub

warum bist du stumm
fragt die alte schwester
und eine schlange
kriecht ihr zahn um zahn
du warst doch nie
auf den mund gefallen
und jetzt kommt nichts mehr
und die schlange züngelt
hinab bis zum schuh

die gescheiterten sprechen
im chor
tragen pelz
was sie geleistet haben
hat sie gefressen:
giftiger staub

das hätte ich nicht gedacht
sagt die tante
du hast doch immer –
sie richtet die schlangen-
frisur und zischt

und das cousinchen
das nicht mehr lebt
hat sonne im haar
und das glück in der hand
ahnt
dass es bald zerbricht
es hat der tante die schlange
vom hut genommen
sich eingesteckt
in die erinnerung

im park

kennst du jede verzweigung
vorwärts und rückwärts
zählst die eichhörnchen
zwischen den buchen

schnell vorbei
an den hundekacktüten
innereien sagst du
in fetzenhaut

auf schattenwegen
nimmst du die bleimütze ab
ich fahre durchs babyhaar
deines herbstes

perückensträucher
sagst du und
meine worte kaue ich
muttermilchweich

compulsive hoarding

an jedem ding hängt ein wort
es abzureißen wage ich nicht

berge von gegenständen
stützen mein dach
und aus den anderen (zerschlissenen)
könne man windhemden nähen
hat die mutter gemeint

an jedem ding hängt ein wort
es abzureißen wage ich nicht

die alleswelt ist ein wall
bis zu meiner stirn
man muss sie bunt
anfassen können
sonst wächst die langeweile
der ahnen hinein

spiegelbild

ich bin wie du
trage dein schütteres haar
auf dem schädel
es ist nicht mehr
zu verschleiern
wir warten
am tor zum winter
schauen – noch wach –
in die zeit voller schlaf

in unserem Rosenhaus
wohne ich allein.
kommen Gedanken zu Besuch,
bin ich ungastlich traurig.
deine Worte leben
an fremden Orten –
ich hätte mitreisen können,
sie sangen noch Tage
am Horizont.
ich war zu spät.

diese Straße

war keinen Tag neu
dünn der Asphalt
und die Häuser
viel zu schnell aufgemauert.
die Türklinken
brachen ins Milchglas
die Anker der Fensterläden
waren gleich schon verlogen
und auf die Balkons passt
gerade ein halber Stuhl.

Anna hat aus dem Süden
ihre Erinnerung mitgebracht.
vor ihrem Fenster blüht Rosmarin.
sie wischt die fucking Sprüche
vom Eingang
dass man die Stockrosen
die sie gesät hat
besser sieht.
jemand hat drauf getreten
nun bindet sie ihren Traum
ans Regenrohr.

hinter dem Haus
wächst Annas Himbeerwald
dazwischen sitzt sie
auf einer Bank
mit geschientem Fuß.
du lügst, sagt Akim
hier ist es nicht schön.
doch ihre Blini
die isst er gern.

schlaf

bin ein dunkeltier
ins nachtmeer getaucht
ruhe auf flechten
fangmüder arme
in meinem haar
finden sich sterne
mondschnecken
füßeln sich fort von mir
unter den wimpern weich
strudelt leise der sand

Rückzug

warten im Bahnhof –
hinterm Glas
sind die Zahlen gedünnt:
werktags aber nicht samstags
und sonntags nie.
der Plan verschwimmt
in der Atemluft.
Filzstiftstriche haben
gelbliche Ränder bekommen
gelblich trüb wie das
halb zerschlagene Licht
am Gewölbe –
die Tage tropfen herab
werden Nächte
und Wörter:
manche versagen
und manche sprechen
erstaunlich klug.

januar

hinter dem teppich
im eisblumenlicht
wohnt ein sonntag
in unseren zimmern
liegt weißes papier
ich hab mir die hände
blutig gerissen (seh ich)
im eisblumenlicht

poetischer Übergang

in der Dämmerung
zwischen Wachen und Schlaf
lichten sich manchmal
meine Gedanken.
mit ungewohnten Begriffen
kleiden sie das
was der Tag vergaß
und mich ein

am Wattenmeer

den Stacheldraht
habe ich abgelegt –
neben die Strandastern
als die Hoffnung mich
herauslockte für den Moment.
da war eine Tanzfläche
ausgerollt für mich
bis zum Horizont
hast du mich vertröstet –
ich bin mit der Sonne gewandert
du hast mir Salz und Lehm
auf die Zunge gelegt
was soll ich auch sagen.
vielleicht hast du mich gewarnt
irgendwann vielleicht
als ich die Meeresschnecke
mir vor das Ohr hielt
um mich zu berauschen.
ich sehe die arglosen Wasser
in den Prielchen springen
meine Schritte singen hinüber
ob das die Flut aus Erinnerung ist

die meine Füße benetzt
meine Hände befeuchtet
und bald meine Stirn trifft.
ich kann nicht mehr denken
vor lauter Gegenwart –
sitze auf einer Insel zwischen
den Zeiten. die Hoffnung
ist eine Plastiktüte im Meer.

Haushaltsauflösung

komm
reiß dich zusammen
entzwei:
nimm –
und störe
die Fetzen Zeit
aus dem Schlaf
zusammen-
gelegt liegen sie
in den Schränken:
die Ordnung
von dem
der hier starb
und immer noch
spricht –
reiß ihm das Wort
aus dem Mund
sag ihm es muss
ein Ende haben
die Dinge
wirf
vor fremde Augen
und fremde Zähne
schau nicht hin

fremde Autos
stehn vor dem Haus
die Heckklappen offen
es sind auch
schöne Stimmen dabei
wohlriechend
bitteschön –
gehen Sie
(gut damit um)

man merkt es mir an.
ich werfe meine worte
in die runde wie kamellen
von einem unglücklichen
karnevalswagen.
worte eingepackt
in knisterpapier
das laff geworden ist.

im gegenwind

hier | zeit
nimm mein haar
das ausgewaschene
dünne
der junge wind singt
schon länger
an mir vorbei
beugt bäume
die rissig
mein blickfeld
benagen
zeit
deine böen
ziehen mir wüst in die ärmel
falten häute
über dem fleisch der erinnerung
und lassen mich langsam
schwach
zurück

Freundschaft II

als du mich besuchst,
schichte ich Stapel
aus Büchern.
du wohnst im wachsenden –
ich wäre gern
ganz woanders.
der Klimasturz,
sage ich und blicke
von der Gartenterrasse
in die Gesellschaft.
halb so wild,
antwortest du
in deinem streng
geknöpften Kleid –
während mein Sommer
mir außergewöhnlich
ans Herz wächst.
als du gehst,
weht ein Schal Kühle
hinter dir her.
ich spüre,
beim Hahnenruf morgen
sagst du:
wie wild und dumpf ist sie doch –
und deine Worte schneiden sich
in mein Fleisch.

wenn es September wird
über den Seelenruinen,
wirst du mich wieder suchen;
willst deinen Namen schmücken
mit mir,
aber dann bin ich tot.

stillleben

da ist kein laut mehr
in dem leergewohnten haus –
unausgesprochen sind die dinge
überall wo ich sie weiß
die risse und die abgeschürften
stellen sehe ich erst jetzt
als hätten sich die zeitensprünge
aufs porzellangesicht gelegt
um dort zu schlafen

der König köpft
jeden Morgen ein Ei –
nicht ohne ihm vorher
einen Namen zu geben.
dann geht er regieren.

fabel

am liebsten redete
der braunbär
vor den tölpeln.
nur-noch-goldbären
brüllte er –
und die tölpel applaudierten.

mag sein, dass
in unserer zeit eine sehnsucht
nach vollendeter form liegt,
dass die splitter und fasern
der fragen uns nackt
und hilflos hinstellen,
dass wir träumen,
in früheren zeiten hätten
wir alles formvollendet
gelöst.
aber jede zeit hat ihre
rastlosigkeit, ihre resignation
angesichts zerschlagener utopie.
mag sein, dass der schmerz dann
in jeden nerv fährt,
amorphen albdruck gebiert.
dagegen der wunsch
nach sortieren,
formgebung, klarheit
könnte uns aufstellen
wie eine armee.
dann wären wir
hilflos und nackt
im gleichschritt.

halt dich fest
aber so
dass du nicht krumm wirst
aus Angst vor dem Neuen

im angstlicht

sagst du
sehe man alles
schärfer
was nütze es
sterbende welten
auf worte zu betten?
in deinem seelenkeller suchst du
nach einem feind
besser sei's
sagst du
einen gegner zu haben
als die ätzende süßigkeit
guter absichten aufzulecken
suchst du denn nicht
frage ich
einen gott?
ich habe keinen
sagst du
(nie gehabt)
doch wenn er
verdammt
einen falschen namen hat
monde zerteilt
hasse ich ihn
und meine angst
wird zur kraft

alles ist schon beschrieben –
bleibt nur meine Haut
für neue Worte
und Zeichen
die brennen sich ein
und bleiben
bis ich sie
irgendwann übergebe
an meinen letzten Wäscher –
aber der hat schon
so viel gesehen
und liest sie nicht

glasbruch

war es der wind
oder das werk der einsamen
mit ihren spitzen steinen
unter der zunge
zum zerwerfen immer bereit
abwerfen abfressen
bis nur noch die fensterkreuze
ins leere starren
abschiede werden daran gehängt
diamantscherben
schneiden mir in die füße

Gottesdienst

ich habe den Körper
vom Kreuz gerissen
und in die Muckibude getragen
ihn mit Gewichten behängt
dass er sie stemmt

**kurzbesuch
im zwischenreich**

wie den anderen
hatte man mir
ein fragezeichen
in den schlund gestochen.
flattrig stolperte ich
in einen raum ohne fenster:
da hockten sie alle aufgereiht
drückten synchron
ihr läppchen an die kehle
und schauten mit hühnerblick
hin zu mir.
später als ich entlassen war
träumte ich
dass die seele des menschen
im hals wohnt.

**wir haben uns verloren
in einem zerklüfteten land** –

entlassen myriaden
hakender wörter
um uns zu treffen

unsere hände
sind abgemagert
vom warten und wetzen –

wir haben uns verloren
in einem zerklüfteten land

des Kaisers neue Kleider

lauter Beifall –
das Kind in uns
nannte den Kaiser
tausendmal nackt

wie unverblümt!
schonungslos ehrlich!
jubelt die Mutter

wir lernen
die Essigessenz der Sprache
die keinen einzigen
Wunsch übrig lässt

wir reißen uns gegenseitig
die Kleider vom Leib
– lauter Beifall

im Omnibus

schunkelten alle im Takt
als ich einstieg
fuhren sie mir durchs Haar
es war hell und glatt
passte zum Blau
sie fragten
ob ich eine Mutti bin
und was ich allein
in der Nacht –
ich bin eine Flüchtige
sagte ich
habe mein Ziel vergessen
sie riefen wir werden
dir helfen

fenstergucker

alles weggeträumt –

ich bin der letzte
im fenster
mein kissen hat ein
zerschlissenes muster
es ruht
unter meinem arm

ich sehe die menschen eilen
möchte ihnen gedichte
zuwerfen zurufen
sie hören nicht

die worte
von gegenüber
tränen die wand hinab

ich träumte

als ich aufwachte
war alles aufgeräumt:
die autos korrekt geparkt
und keine meinung flog mehr
über die straßen
hinter gespitzten zäunen
war das unkraut gerupft
die familien saßen hübsch
um den tisch
hatten das störende eingefaltet
im abfall hinter dem haus
die freude auch

das letzte mahl

bacchantisch im takt
tanzen wir auf dem tisch –
zwischen plattenseen und brachen
küsst der vetter uns
auf die tintenhaut
tanzt! lallt er, ja! tanzt
ihr mageren süchtigen mädchen
ich werfe das letzte gold
in die menge –
hängt es in eure ohrlöcher
klebt es auf eure zähne
es mundet euch doch
ihr giergickelchen!
bald wehen euch nur noch
die morgenfetzen
um seele und leib –
und das leben ist
nicht einmal mehr
ein wettbewerb.

Evakuierung

wohin
das wissen wir nicht.
wir sehen unsere Skelette
auf Röntgenbildern
Schilddrüsen-
häute herausoperiert.
in Plastiktüten
tragen die Kinder
Hamster und
Hunde und griechische
Landschildkröten:
alles verboten
(aber sie leben doch noch!)
unsere verseuchten Koffer
stehen herum
an der Sammelstelle –
nur die Papiere
sonst nichts!
die Kinder fragen
was morgen ist.
wir wissen es nicht.
die paynesgraue Wolke
über der Heimat
frisst sich in alle Pläne.

falling in love

wir fallen nicht länger –
sondern erheben uns
lächelnd über das ich
weil wir zwei sind

sommertag

ich wohne überall –
in jeder straße
einer unbekannten stadt –
wenn sich die welt
in offenen fenstern spiegelt
und irgendjemand spielt
für mich klavier

lachen
dein lachen
lachen der welt | ahnen
kannst du's
im kostbarsten aller spiegel
in den augen
von deinem
kind

Kubismus

gleichzeitig
in alle Richtungen schauen
begreifen
dass alles Körper ist
nicht nur Bild
dass auch der Augenblick
sich bewegt

Landschaftsbild, abendlich

gepökelte Farben
an Pampelmusenhaut.
vom Bärenklau Widerworte.
Wendeltreppen gen Himmel.
Glimmer, rötlich.
mein Haus ist verziert
mit Blüten aus Blech.

kindheitssommer

wir wohnten damals
im apfelbaumhaus
und ließen die zeit
in der welt zurück.
unsere gedanken
tänzelten zwischen
grünrosarot,
der morgenduft war
eingemantelt im blau
des himmels.

als der herbst kam,
waren die träume
mit einemmal obdachlos.
zeit und welt
hatten uns erreicht.

haltestellen

jonglage
mit dem glück
und dann fällt es
zu boden.
du musst anhalten
es aushalten
länger zu warten
vielleicht weniger
wollen.
leg das verblühte
an den straßenrand
und freu dich
wenn deine haltestelle
ein dach hat.

Glanzbild

Rosenzöpfe rund
um das Portrait
einer Prinzessin:
sie lächelt
im Silberregen mit
ihrem rosa geküssten Mund,
nebenan führt sie
ihr Einhorn
am glitzernden Gängelband
über Sonnenwolken
und Rosenschnee
spazieren.

frühling

kehr es aus!
dein winterzimmer
ist abgewohnt.
im plötzlichen sonnenlicht
siehst du die asche den ruß
vom befeuern der zeit.
willst sie halten: diese momente
aus porzellan und pastell
die jeden tag anders lächeln.
du häutest deine gedanken
wirfst sie wie alte mäntel
in den container nebenan
kommst zurück mit den farben
des mandelbaums.

geheimnisse sind

bleiglöckchen
die mir an meine windjacke
gesteckt werden
dass ich ganz vorsichtig
gehen muss

Inhalt

dornröschenhaus	7
zugfahrt	8
freundschaft I	9
in einer fremden Straße	10
unter der grauen stadt	11
heimlich	12
die graue stadt I	15
die graue stadt II	16
diese stadt	17
herbstlich	18
raunacht	19
schlaflos	20
in der Bahn	21
familienbild	22
im park	24
compulsive hoarding	25
spiegelbild	26
in unserem Rosenhaus	27
diese Straße	28
schlaf	30
Rückzug	31
januar	32
poetischer Übergang	35
am Wattenmeer	36
Haushaltsauflösung	38
man merkt es mir an	40
im gegenwind	41

Freundschaft II	42
stillleben	44
der König köpft	45
fabel	46
mag sein, dass	47
halt dich fest	48
im angstlicht	49
alles ist schon beschrieben	50
glasbruch	51
Gottesdienst	52
kurzbesuch im zwischenreich	53
wir haben uns verloren	57
des Kaisers neue Kleider	58
im Omnibus	59
fenstergucker	60
ich träumte	61
das letzte mahl	62
Evakuierung	63
falling in love	64
sommertag	65
lachen	66
Kubismus	67
Landschaftsbild, abendlich	68
kindheitssommer	69
haltestellen	70
Glanzbild	71
frühling	72
geheimnisse sind	73